시간이란 꽃그늘

본도서는 한국문학예술진흥원의 우수 도서에 선정 되어
창작기금을 지원 받아 제작하였습니다.

시간이란 꽃그늘

초판인쇄 2025년 9월 20일 **l저자** 정영란 **l펴낸이** 김영태 **l펴낸곳** 도서출판 한비
CO **출판등록** 2007년 1월 16일 제 25100-2006-1호 **l전화** 053)252-0155 **l팩스**
053)252-0156 **주소** 700-442 대구시 중구 남산2동 938-8번지 미래빌딩 3층 301호 **l홈
페이지** http://hanbimh.co.kr **이메일** kyt4038@hanmail.net

ISBN 9791164871681
ISBN 9788993214147(세트)

값 15,000원

시간이란 꽃그늘

정영란

시/인/의/ 말

나를 글 속으로 넣어야 하고

생각의 세상은 잔잔한 물결 위
바람이어야 하는 작업

나는 또 왜 이 작업을 하고 있는지
한 권의 작업은
십 년을 살아 나온 것 같은

그래서 때론 어리석은 후회도

어느 구절 좋았다는 글귀
내가 아닌 타인의 언어
사랑하고 행복한 순간이

시간을 아껴 가며 힘든 작업을

한 글자 한 글자 되새기며

쓰는 사람 마음을 감동으로
안아 주었으면 하는 마음
한 권의 책으로 맞이할 때

기쁠 것이다

글을 나눈다는 것은 나의 마음을
주는 것이다

부끄러움 많아 나의 글이지만 선 듯
건네주는 것이 주저하지만
이 모두가 읽는 사람과 나의 언약처럼
가벼움은 아니다

무거운 짐을 들어주는 서로의 약속처럼
지켜주고 안아 주었으면 하는 간절함이다

한 줄의 문장이 가슴에 남아 있다면 글을
쓰는 사람으로서 그 위에 더 큰 보람은
없을 것이다

네 번째 시집을 쓸 것이라는 상상은
하지 못했는데

어릴 적 나의 소원은 나만의 한 권의
시집을 나의 시집을 직접 쓰는 것이
소원이었다

감사한 마음이다

2025년 3월 30일 정 영란

2부-앳된 초록빛으로 오시오

밤새워 잠 못 이루어
피울 꽃이라
몸부림 지닌 꽃
지금을 보라 하네

3부-깨끗한 세상이 저기에 있네

내가 사랑하는 꽃은
향기 없어도 고와
담을 의지해 세상을 바라보는
가시덤불이어도 괜찮아

4부-해마다 그를 떠나보내며

오늘처럼 비 오는 날
내 고향 집 부엌 앞 우물가
불그스레 핀 주름 진 맨드라미꽃
깨알보다 작은 씨앗

5부-저 가슴 지는 꽃 사랑은

미래에 숨 쉬는
밤새워 품어둔 저 가슴
잠 못 이루며 피운
아름다운 꽃의 언약이라네

1부

천사 닮은 아기에게

임이여
세상 안아 살아가는 모든 이에게
배려와 희망이 따뜻한
하루하루가 되게 하소서

아름다운 신부

천상에서
내려보오

소복소복 나리는 눈

나리는 눈
꽃봉오리

끌어안아 안았소

천상에서
내려보오

아름다운 모란이

천사처럼
걸어가오

모란꽃이 사뿐사뿐

청로로

젊음으로
바라보면
아름다운 청춘이리

세월
되돌아서
백발 머리 바라보니

세월 따라
바라보는
늙음으로 가는 길

늙음이란
묻어나는
아름다운 여정 이여라

걸음

걸어가겠지요
만 리 걸음 일지라도
걸음걸음 하면서

걸어가다
돌아보면
멈춤 없는 시간

즐거운 날
슬픈 날들
아름다운 날들

미래의 희망 그려 가며
소소한 즐거움으로
걸음 하면서

태종대

사계절 바람
조용한 날 없는
절벽

철썩철썩 바다 물결
만선을 기원하는
어부의 망부석이었나

셀 수 없는 세월에
만선을 기도하며
몸담았나

희망을 꿈꾸며
만선을 기도하는
의젓한 자태

바다 멀리 물새들에게
전하려는가
물결 위

동양화
한 폭
그려 놓았구려

유모차

초점 시선 잊어버린 천사 아기
흰 국화 꽃잎 닮은 손가락

귀여운 아기 손으로
넓고 높은 하늘 향해

꼼지락
꼼지락

사슴 가슴 엄마가
밀어주는 꽃수레에

고사리 닮은 손으로
미래로 가느라

눈 깜박임 잊은
아기 천사 운전기사님

열매

사과나무 배나무 감나무
열매

열매는 나무의 것
아니었나

어미 젖 내밀 듯
태양에 내밀어
영글어
밉살스럽게 영글은

단맛 끌어당겨
다섯 가지 맛 알고 있는
입속으로
혀 위에서 감칠맛 나는 맛

뜨거운 태양 아래
우뚝 서서
가지가지 매단 열매

정녕
네 것
네 것이 아니었구나

못 잊은 노래

희미해 알 수 없는
끝내 물리지 못하고

우리 이 길 걸어 걸어서 왔는데
계절을 잘 못 알고
일찍 몸 풀어 버린
개나리꽃

노란 개나리꽃처럼
이 길을
그리하여도 허기진 하루하루
새벽이슬 바지 끝 묻혀도
호미 끝 묻은 흙
기쁨으로 맞이하네

새벽이슬 옷 젖어 있어도
부끄러움 없는 옷이었네

임이여
세상 안아 살아가는 모든 이에게
배려와 희망이 따뜻한
하루하루가 되게 하소서

붕어빵

마트로 골목 시장으로
발품 하며
주문받은 파스
면도날을 사고
장바구니 안을 뒤적여 봐도
내일 아침 반찬은
저녁 찬은 그런대로
먹을 것 있는데

되돌아가 고등어 두 마리
남은 돈으로 붕어빵 네 개
한 개씩 나누고 남은 한 마리는
가위바위보

오뚝이

네 꿈 그리는 거야
하얀 도화지에
백합 장미 아름다운 난 꽃도
꿈은 이루어지는 것

손마디 동상에
무딘 화 붓 틀려도
기역니은 갈지자
비틀거려도 괜찮아
보는 이 슬픔 일지라도
할 수 있어 힘내

눈물로 얼룩진
너의 화 붓은 너의 생에
상처의 향기도 그리는 거야
할 수 있어 힘내
너의 예쁜 마음으로

세월 앓는 나무

멋진 가지 곡선 그렸다
잎 떨어져 앙상한
길을 오가며

나무 새순을 보면서
봄이구나
젊은이 싱그러움을 품은 잎
여름이 가고
가을 가고
겨울

머리 위 낙엽 한 잎 떨어져
집으로 이고 갈 동안
덤덤히 그저 무덤덤

목도리 외투를 벗고 난 후 방바닥으로
우리 집 나를 따라온 귀한 손님

오늘 집을 나서 지나치는 길에
마주한 나무 보았다
백 년 세월을 지닌 나무
세월을 읽어 주며 앓아 가는 나무를

낮으로 향하는 사람들

사람들은 밤 지난 낮으로
발길 걷는다
오늘도
어두운 해그림자
밤으로

내일을 위해있으니
희망 찾아가겠지

가는 길 잘못 알아
방향 잃어 헤매며 길을 걷는다
방향 잃은 사람아
식후 경 잊고 방황하는 사람아

밤으로 들려 배불리 먹고
내일 낮을 찾아가야지

무더운 여름날 친구

여름날 찾아다니는 곳
냉방 잘되어 있는 곳이겠지
내가 즐기는 것은
무더위 목 넘김이 좋은 냉커피
냉방보다 뙤약볕 아래
창이 큰 모자 쓰고
냉커피 홀짝홀짝 한 모금
한 모금 마시면
저절로 두 눈 지긋이 감겨
입으로 하 감탄사 뿜어
저절로 미소하고
한숨 닮은 숨 토하고
무거웠던 몸
하늘 날아오르는
날개로 날아가는
새와 같으니
이보다 더 좋은 친구 있었든가

추억의 편지

펜촉으로 잉크 찍어
잉크가 사라지면
다시 펜촉은 잉크 병 속으로
묻혀 여문 펜촉

구구절절 써
한 자 한 자 쓰면서
틀리거나 잉크가 어쩌다 번져
편지지 더럽혀지면

편지지는 방바닥으로 구겨지고
찢어져
방바닥으로 나동그라지고

밤새며 쓴 사연 하얀 봉투에
곱게 접어 빨간 우체통 넣고
돌아오면

우체부 아저씨 두툼한
붉은 가방 메고 들어서는 골목길
기다림의 골목길을
모가지 길게
기다림의 시절

기다림의 세월 있었지

손바닥 전화기 가볍게 들고
피붙이보다 가까이
가까이에서 엄지 안부 문자

답장을 기다리던
기다리던 답장
애 끓이던

신뢰

그 친구가 잘못되었다는 것
귓전에 들려주어 알았네
어리석음을
하던 일 멈추었다
양쪽 어깨 힘 잃었다
걸음도
사람마저 대면 어려워지면
그보다 슬픈 일이
무슨 사정이 있을 텐데
위로해 주는 게
마음 편하다
나의 상처도 상처지만
나보다 더할 터이니

섭리

하늘이여
꼬집은 생존의 조각
누구를 위한 것인가요
초원의 새 한 마리
벌레 물고서
하늘을 나르더니
닮은 입부리
아주 작고 귀여운
입부리에

하늘이여
생명이 꼬집은
시간이란 세계를 머금고
이 아름답고 귀여운
자연의 섭리를
입부리
받아 든 자연
아주 작고 귀여운
새 한 마리

생의 덫

흐느끼듯
흐느끼듯
온몸으로 흐느끼면

바람이라
위로하며
서로서로 행복이라

슬픔이란
괴로움도
미소하며 사랑하고

상처마저
아물어져
생명이라 아름다워

나의 세월

그대는 나를 지고 어디로 가는지
나는 모른다오
가다가다 지치면
어디쯤 내려놓을지
그대는 알고 있을 텐데
물어도 대답 없는 것 알기에
목으로 넘기네

나는 그대가 이끄는
인생이 어떻게 가는지 몰라
수레에 의지한 몸
가다 토라지면 삐거덕거리는
날카로운 바퀴로 변해
이 몸은 공포에 떨고
투덜거려

밉든 곱든 그댈 붙들고
엉덩이를 끌며 따라가야 한다네
눈물을 머금고
언덕이면 언덕
산 고개라 해도
그대가 이끄는 길을
숨죽이며 가야 한다네

수명

의문의 세월은 흘러 흘러
미래 대한 답 없어

별빛 빛나는 밤에
무수히 많은 별빛

백수로 살아
오십 수로 살아

밤하늘 별들은
아는가

불러서 반가워

세상 불러서 왔네
어린 아기 몸으로
이름 붙여
살아가네
알았노라 답하며
돌아서니
연습 없는 삶이라는 걸
세월이 흐르고
주름져 가는 나를 보고서
알았네
세상의 만물을
눈으로 보고 만지도록
꾸며 놓았을 뿐
장식해 걸친들
바람 불어 쓸어가는 것을
그리고
세상 밖으로 가라
밀어 버릴 것을

천천히

오뉴월
뙤약볕 파라솔 밑으로
이마에서 흐르는 땀
닦아도 흘러

더위에 혼 잃어
목적지 지나쳐
오던 길 되돌아가네

허둥지둥
일은 더 더뎌

천천히 천천히
그늘 찾아 나무 바람 등지며

천천히 살아가야지 하면서
나의 삶은 뭉게구름처럼

두리뭉실 모 없는 인생
다듬질해 보는 거였네

2부

앳된 초록빛으로 오시오

밤새워 잠 못 이루어
피울 꽃이라
몸부림 지닌 꽃
지금을 보라 하네

그림장

광안대교 밑 푸른 물결
바라보는
이슬 맺힌 눈동자

그래
울고 싶을 때 통곡 하렴
그래도 괜찮아
하지만

거기까지야
그 이상 안 돼
세상은

눈동자에 고생도 서려
그려야 하는 그림장
그림장이야

그림장
일뿐이라고

고생 서러워도
견디며 살아야 하는
그림장

마음 어지러운 날에

모든 것 내려놓고
싶을 때

훌훌 기차표 한 장에
지나치는 창밖

빠른 속도로
내 생이 지나가는 것처럼

눈동자 멀리
사라져 가는 경치

기차를 타고
지나가는 풍경처럼

헤아리며
묵묵히 살아감에

육신의 몸부림 마음을
창밖으로 답답함을 쓸어가네

웃는다

길 가다 웃는다
웃을 일 있으랴만
그래도 웃는다
소리 웃음 두고
비실비실
비실 웃음을 웃는 날은
가슴에 소나기 한바탕
쏟아져 귀속은 울고

흠뻑 젖은 마른 수건으로도
물기 마르지 않고
고드름으로 얼어버려
시나브로 부는 바람이
괜찮다 쓰다듬는 계절 바람
어머니 손 아픈 배 어루만지듯

할아버지 머리털 닮은 빗자루로
쓸어간 후 번저 가는
웃음
할아버지 머리털 닮은
웃음
그 웃음 손바닥으로 쓸어보니
속에 꿀 한 점 쟁여 있더라

비어 있는 컴

속 빈 너 앞에서
밤하늘 빛나는
유성 하나 바라보며
의미 없는 미소 짓는
소갈머리 없는
친구 되었네

빈 몸 언젠가 무라는
빈 손바닥으로
떠나는 날
밤하늘 별들을
헤아려 보라고

너의 비어 있는
가슴으로 전해 주련

구수한 맛 누룽지 이웃

구수한 맛처럼 따끈따끈하고
구수한 맛 나는 이웃사촌
하얀 밥이 노릇노릇 눌어붙은 맛
구수한 정에 따끈따끈 깊은 정의 맛
줘도 편하고 받아도 편 한
그저 부담 없는 맛

같이 이웃하며
가까이 있는 피붙이 같아
서로서로 사는 동안
우정도 심성도 따뜻하네
구수한 인정 알뜰해 먼저
건네 오는 정다움은
누룽지 맛보다 구수하든 걸

김장 김치 국밥

추운 겨울 일요일 낮에는
언제나 김장 김치 국밥
다시 멸치 넣고

김장 김치 송송 썰어 넣은
따뜻한 김치 국밥 한 대접
뱃속이 훈훈해 추위도 잊게 해

온 가족이 함께 앉아
모락모락 김에 가려진
식구 얼굴은 볼그레

김장 김치 송송 쓸어 넣은
익은 듯 익지 않은 깊은 맛
김장 김치 국밥

엄마의 기억

엄마가 무엇을 좋아하는지 몰라요
내가 좋아했던 것만 해 주었으니
철없이 세월 지난 요즈음

내가 좋아했던 것 잊어버리고
아이들 좋아하는 것만 기억해
군에 간 아들 시집간 딸내미

혼자 먹을거리 기억나질 않아
뭘 좋아했는지 그리고 뭘 잘 먹었지
시장에서 이곳저곳 기웃거려도

혼자 미소 지으며 엄마
세월은 엄마 변하게 하듯
흐르는 세월은 엄마처럼 저를

어머니

그늘 없는 가슴
잔잔한 호수 가에서
물안개 안고 살아생전
겨울날 찬물 찬 손으로

수도에 더운물 손 담그니
그때를 어떻게 사셨는지
지금 되돌아보니
위대함에 고개를

작은 날게 퍼덕이며
하나둘 둥지 떠나보내는 날
바라보던 눈물 젖은 애절한 눈빛
잊을 수 없어요 어떻게 잊어요

언제라도 듣고 싶은 목소리

어머 이
어머 이
어머 이

와 자꾸 부르노
뭐 고
말해봐라

어머 이
어머 이
어머 이

반백 년

그 모습
그 음성
못 잊어

고향

보고 싶은 사람
가슴으로 스치고

그리운 사람
눈동자 우수 스칠 때면

짙은 향수 물들어
눈물이 흘러

언제나 돌아가고 싶은
철없던 형제 뛰어놀던 곳

고향 집
늘 눈앞에 아른거려

세월은 흘러가지만
옛 모습은 그대로 기억해

가까이하고 싶은 사람

나란히 길을 걸어가다
떠오르는 기억에 머문 사람
순간 마음 편해
통화하고 싶은 사람
문득문득 옆에 있어 주었으면
하는 사람

말없이 가만히 있어도
편한 사람
무언으로 알아듣는 사람

말없이 따뜻한 언어로
손등을 살짝 토닥여
미소 짓는 사람
곁에 있어
편한 숨 쉴 수 있는 사람

어깨 기대어 속울음
속울음 울어도
곁에 있어
위안 되는
따뜻한 가슴 보이는 사람

가까이하고 싶은 사람

언니의 이별

새 허공으로 나르고
벌 두 마리
자유로운 몸짓으로
나의 주위를 맴돌아

그래 너희들
한가로운
자유로운 몸짓으로

너희들 날아
날아서

가고 싶은 곳으로
가는구나

우리 언니
너희들 따라
먼 길 가

사랑도 미움도 품어
안아 주시던

그 이별을

너희들 따라
머나먼 곳으로

남아 있는 흔적은
아픔이 일고

날아가는 새처럼
나르지 못하는

가슴은 슬픔이
도래질 못하네

춤사위

몸속 먼지
꽁꽁 쌓여 있는 먼지
벗겨내며
한 토막 줄거리
첫머리 찾아 뒤적이는
온몸

귀는 머릿속 거닐며
구석진 아주 구석진 곳에
보이는 몸속 박혀 있는 먼지

한 톨 두 톨 털어 내어
언어 한 구절마저 벗겨
환히 보이는

유리잔 끌어안았다

선반

선반에는
넓적하고 투박한 산 대미에
생선 적 쇠고기 원전 상위에 놓을
커다란 도미 조기 민어
제일 큰 문어 삼으면
꽃처럼 예쁜 다리 꼬고 눈을 유혹해
허드레로 전구지 전 고구마전이

냉장고 없던 시절
기와지붕 밑 선반은 냉장고였다
장손이라 선반에는
떡은 제자리 쌀자루처럼 차지해
비어 있는 날 없다

선반 위 음식 맛은
어디에 내어놓아도 맛있다

초대되어 간 밥상
입이 짧다는

오늘은 괜히 그곳으로
가보고 싶다

계절의 답변서

겨울 가지
가지에
웅크린 몸으로

그대
기다릴 때
앳된 초록빛으로 오시오

지친 기다림이면
열매 붉은 모습 드러나는
가을로 가까이하리다

머리에는 땀을 받치는
수건 돌려 묶어 메고
옆구리 메 단 바구니에는

단맛 세콤 붉게 익은 과일
가득 담아 맞이하리니
그대 걸음 가벼이 가벼이

치자 씨알

물속에서
품었다

돌배기 아기 재롱둥이
엉덩이 삐져나온
노란빛

바람 물결 따라 둥둥 떠다니며
어쩌다 멈춘 꼬리
꼬맹이 투정같이
우러난 노란 빛

도화지 위로 그리는
그림물감 아니란 걸
대접 그릇에 우러나는
자연을 담아 둔
비밀 보았다

남몰래 간직한
조그만 씨알 항아리
몸속 곱게 접어두고
빗질 기다리는 씨알을

꽃의 언어

저 가슴 저미는 꽃
사랑은
계절 지는 꽃에
노을을 보라
씨앗 보듬고
미래를 보라 하거늘

저 꽃들 피고 지고
애끓는 연민의 소리는
밤새워 잠 못 이루어
피울 꽃이라
몸부림 지닌 꽃
지금을 보라 하네

아빠 엄마 결혼 금혼식(50주년) 축하해요

딸아이 뜨거운 가슴이
저 넓디넓은 하늘에
무지개 그린 날에
벚꽃 망울 맺힌
나무 아래에서
아무도 몰래 흘린 눈물
행여 행여 아버지 아픈 몸이라
자식 몫으로 받아 든 가슴
피부 벗겨져 아픈 손으로
어루만져 주는
무지개 하늘에
하얀 목련꽃이 활짝 피었구나

3부

깨끗한 세상이 저기에 있네

내가 사랑하는 꽃은
향기 없어도 고와
담을 의지해 세상을 바라보는
가시덤불이어도 괜찮아

하얀 안개꽃

붉은 장미보다 하얀 안개꽃 좋아하던 친구
길 가다 꽃집 창가에 하얀 안개꽃 보이면
그 친구 생각이나
지금 무얼 하고 있을지
문득 보고 싶다

잔잔한 비 내리는 4월 둘이서 걸어가다
꽃집 앞에서 안개꽃은 보이지 않아
눈에 보이는 장미를

안개꽃이 안보여
장미꽃이야

아 나는 학교 졸업식 후
처음이야
어린아이처럼 좋아하던 친구

오늘은 전화 걸어

하얀 안개꽃을
하얀 안개꽃을

연꽃

신비 가까이에 있네
진흙 속 아름다운 선

손바닥으로
무정한 바람 불러 세워

어두운 맘 묻어 두고
참 마음 품에 안고 가라 하네

그늘진 마음 아파
걸음 하면
잠깐이라도
쉬어보라고

연꽃잎 물 위에 두었네

해바라기꽃

아이는
해바라기
엄마가 바라는 해바라기
엄마는
둥근 해 바라보며
씨알 가득 문 해바라기
닮은 아이 소원하더니
해바라기 되었네

가득 담은
장독 위 정화수
한 그릇
엄마도 아이도
씨알 가득 문 해바라기
해 따라다니는 꽃
엄마 치마꼬리 매달리며
활짝 웃는 해바라기꽃

장 꽃

익어서 피우는
솔솔 익어
장 익는

꽃은 꽃이되
꽃이 아닌
맛을 담아내는

어머니에게서 배운
장을 담는 정성
혼 엮어

커다란 항아리
소금물 저으시던 모습
그리움에 눈물 나는

얼레고 달래던 손길
눈물 글썽이며
오늘은 장 담그는 날

소금물 저어가며
엄마처럼
엄마처럼

할미꽃

사랑이 미움으로
미움이 사랑으로
핀 사람아

우리 갈 때 같이
가자던 사랑아
세월 속에

싫다고 미워
투정 부려도
등 굽은 저 보라색

꽃피운 할미꽃 닮은
허리 굽혀 바라보는
저 할미꽃 닮아가는 사람아

고목과 고독

기억해 젊은 날을
이끼 안고 섰다

잔뿌리 묵은 언어
연인의 치마폭 두루 듯

바람으로 노래하고
무언의 언어는 독백으로

따뜻한 구들목
뫼보다 높은 세월

바람이 노래하는
전설을 옷깃 다듬어

이끼 기대어 선 자리
인적 드문 뉘 자국

잔잔한 물결
물새 춤추는데

천연색 낙엽

한 줄기 푸른 꿈
다친 몸 고뇌하더니

햇빛 아래 아름다운
인내의 옷깃

바람 휘며 가는 길
저토록 저토록

누구를 위하여
많은 날

휘청이며
비틀거렸나

눈 시릴 박음에도
어이

어이 삭혀
저리도 고울까

홍시

붉은 감 홍시 삶
닮고 싶어
아직 이른 새벽 서쪽 하늘에 걸려 있는
새벽달 창 넘어 눈길 가는데

아가야 아직은 일어나려 하지 마라

새벽 걸음 걸어간 이들
깊은숨 엮은 자국 소리 들어보련

긴 세월에 익어간 걸음걸이
나는 아직도
세월 익은 그 붉은 감 홍시 걸음에
덜 삭힌 풋 걸음이 부끄럽구나

하늘

깨끗한 세상이 저기에 있네
맑고 푸르른 날
두 눈 번쩍
가슴 가득 입은 붕어 입으로
벌 나비 날아가듯
하늘을 날고 싶다
어린아이처럼
허공에다 칭얼거려 볼거나

이 세상 모든 만물에

편안하여
편안하고
편안하게

홍옥

모가지 기우뚱 갸우뚱
머리 위 구름 꽃
서에서 동으로 가
뒤꽁무니 놓칠라 덩달아
모가지 갸우뚱
서에서 동으로 가는
구름 꽃

그러거나 말거나
한 움큼 쥔 물바가지 들고
연신 갸우뚱
따라가는 구름 꽃
남에서 북으로 가던 길
요즈음은 나를 닮아가니
남쪽도 아니고 북쪽도 아니네

모래알 밭 옆
달콤새콤
빨간 홍옥 사과
어쩌나
기우뚱 갸우뚱
구름길 나서다
덧니 자국나겠네

빗물

울지 마라
시도 때도 없이
울면 싱겁지
네 눈물 번져 우는 사람
집 잃고 가족 잃고
헤매는 모습

좋으냐
마음 아프지
적당히 와다오
일 년 농사
밭에 씨앗 뿌릴 때
금쪽같은 눈물

단비 뿌려
미소 짓게
단비 뿌려
빗물 발 담그며
환한 미소 띠는
빗물 다오

가을 그림

가을 서늘한 바람 이고 가는데
저 건너 저 산자락에는
봄여름 어이 삭혀
산 다람쥐 도토리 따려
소나무 오르면
붉은 바람 가는 곳
마음 따라 누워 볼까나

붉은 바람 따라가다 머물면
서늘한 가을 하늘은
봄여름 어이 삭혀 누
산속 해 걸음 따라가네
붉은 해 그림자
도토리 산길에 누워 하늘 바라보다
단풍은 붉은 꽃송이 그린
밤잠 잊고 그린 그림 이

행복합니다

다리 퉁퉁 부어 발걸음 옮길 때마다
힘겨워도 행복합니다

태풍 불어 돌아오지 않는 아이
기다림도 행복합니다

슬픈 날 흐르는 눈물 바보처럼
손수건 젖어 그래도 행복합니다

내일 아침 국만 데워 따뜻하게 먹어
어머니 마지막 음성
가슴 깊이 남아 행복합니다

설령
나에게 당신은
오늘이 마지막이라는 인사에도
나는 행복해야겠습니다

내가 살아 있는 순간순간
사랑하기에

허드레로 선 사람아

사람아
사랑한 사람아

어쩌다
어쩌다
허드레로
섰는가

빠른 세월 따라가느라
뒤도 돌아볼 시간 없이
허급지급 신발 뒤 굽이
헐어 닳도록

내일도
모르며 살아온 사람아
힘없는 눈꺼풀 당신
아니잖아

기억해
기억해야 해
애타게 바라보는 이 눈동자

누구인가 잊으면 안 돼

아름다운 우리 인연

변덕 심한 친구여
오늘 무사하면 내일도 무사하리

붉은 입술은
붉었다 푸르렀다

앙상한 나뭇가지 마지막 잎새 닮은
밤알 하나 대롱대롱 매달고

부지런히 움직이는 모습
그 모습이어도 미소 지으며 사랑하네

침 못 이루는 이 밤이
눈동자 따가워

베개 들고 따라다닌 그 밤도
언젠가는 눈물 어린 추억이리

사랑 눈 고양이

길고양이
나를 바라보는 눈
사랑 눈이다

걸음 멈추어도
야 옹 야옹 울기만

나와 눈 맞춤은
사랑이니
야옹 야옹 울어대니

그 녀석
손가락 선인장 십 년 만에 피우는
꽃눈을 하고
나의 발목에다 온몸 부 벼

길고양이 몸으로 주는 사랑
움직임 멈추고 나는 그 자리에

들국화

반겨 줄이 없는 들판에서
외로운 들국화 못 보고 가면
하늘빛 곱게 닮아 피운 들국화야
아침이슬 머금고 갈 바람 가버리면
시든 잔디 너의 향기 안고 누웠어라

외딴길 외로운 들판에 해맑은 꽃
들국화야 피어나라 아름답고 곱게
들릴 듯 말 듯 저 먼 발걸음 소리
서러워 마라 서러워 마라 가을바람
발걸음 소리가 아름다운 들국화야

내가 사랑하는 꽃

너에게 아름다운 꽃 피울 거야
꽃에서 품은
향기도 바라지 않아
사랑을 닮은 꽃이면 돼
화려하지 않아도 돼

잎 한 점 없는
높은 키 사랑한 하얀 목련
하얀 피부 우아한 목련
아니어도
보이는 얼굴이면 돼

내가 사랑하는 꽃은
향기 없어도 고와
네가 원하는 자연 흠뻑 적셔
담을 의지해 세상을 바라보는
가시덤불이어도 괜찮아

그런대로

떨리는 목소리
대답은 힘없이

그런대로

예약은 달포 남았는데
달포가 15년 같다
밤으로 오는 시간은

낮보다 밤은
노란 꽃도 빨간 꽃도
모두가 검은색

아침 붉은 태양은
애간장에
더디 뜨고 밤은
어두움으로
뜬눈으로 지새우는 밤

눈물 가득 담아두었던 눈은
그날 쪼르르 쪼르르
이젠 여한 없어요
아빠 팔순 축하해요

맨드라미

오늘처럼 비 오는 날
내 고향 집 부엌 앞 우물가
불그스레 핀 주름 진 맨드라미꽃
깨알보다 작은 씨앗

강아지
아이들 뒤뚱거려
까만 알갱이
털털 털어 버리고

빈 씨알 집
꽃대에
비오는 날이면
눈물처럼
작은 몸집 비 젖어
다소곳이 앉아
손가락 끝으로
톡 톡 톡

지금 그곳에도
비 내리고 있는지

시간이란 꽃그늘

눈을 감는다
눈꺼풀이 가늘게 떨어
마치 시간의
초침이 째깍 째깍

내가 시간 따라
흘러가고
시간이 바람을 데려오고

바람은 슬쩍 건조한
뺨의 피부를
영혼을 불러
사르르 떨면서 스쳐 갔다

시간이란 그늘에
이름 모르는 타인과 내가
이 자리에서
자석으로 앉을지
서 있을 것인가를

찾아가는 틈으로
눈동자는 떠지고
시간은 비틀거리지 않는

신은 있는 듯 없는 듯

사람들은 모두가 신
저마다 제 모습으로 살고 있으니
참으로 고귀하고
신비로워

자신의 삶
자신의 몫
미지의 문틈을
머리 숙인 모습
손톱 밑 흔적

아침이면 따뜻한 한술의 밥
몸의 신비에
대소변의 안녕은
신이 아니면 이를 수 없는

정녕
신의 부재는
클라이맥스를
장식하는

4부

해마다 그를 떠나보내며

오늘처럼 비 오는 날
내 고향길 부엌 앞 우물가
불그스레 핀 주름 진 맨드라미꽃
깨알보다 작은 씨앗

몽돌

바닷가 몽돌
파도가 매끄러운 볼을

하루에도 몇 번 스치듯
쏴~ 철썩~

슬픈 뱃고동 소리 품에 안고
울음 숨겨 오다

매끄러운 몸으로
잔물결 끌어안았다

비켜 갈 길 없는
숨긴 몸

드러나는
유리처럼 바다 물속에

숨어서
숨어서 아름답다

구름

외로운 걸음 어디로
바람이면
지고 있는 봇짐 인생길 담아서

목적 없는 바람눈
정 담아 끌어가는 정에
봇짐도 가벼울 걸

정 없이 가는 걸음
정 품고 가는 걸음
봇짐 메여 말 없네

인생 쓸어 담은 뉘 봇짐
머무름 없는 허공 떠돌다
인생길 해 걸음 닮아 걷누나

밭둑길

겨울 날
살얼음 골 따라
밭고랑 걸으니
옛 생각 젖누나
살아온 생이 닮은 고랑
세상만사 시름 담아
싹터 가는
이 고랑도
삶
앓고 살았어라

비둘기

베란다 구석진 곳
시든 잡초 잎
몇 가닥
다음 날에도
그다음 날에도

바람과 함께
날아왔다면
젊은 바람인지 몰라

주섬주섬 나락 알 줍듯
줍던 순간

펄럭이던 날개바람

놀란 내 눈
그 녀석 놀란
붉은 눈동자
물고 있는 마른 잡초

젊은 바람 아니었네

자리 터

쫓겨나길 세 번
울음 삼킨 빨간 눈동자
구 구 꾹 구 구 꾹
막대 앞에
슬픈 눈의 울음소리
애절한 모습에
달세 방이라도 얻으려
집집을 돌아다닌
기억은 왜 났는지

쫓길 멈추었다
그날
하루
이튿날 새벽 보이지 않아
살그머니 내려다보니
세상에
조그만 알 한 개
왈칵 눈물이

백야

졸음 스쳐주면 좋으련만
익은 보리알처럼 눈꺼풀 따가워
밤이 야속한 것은
아직 해 뜰 시간이

너랑 나랑 밤새우며 이야기하자
사랑하는 이와 속삭이듯
속삭여 보는 거야
귀에는 마음뿐

이 마음도 아니 저 마음도 아니
야속한 밤은
따가워 오는 춤이 있을 뿐
별들도 숨어버린 이 밤이

면도

남편의 얼굴
거울 마주하고

흰 수염 검은 수염
넷 박힌 날에

살짝살짝
턱 밑에서

입술 아래로
주름진 볼로

볼에서
구레나룻 결 따라

귀 앞에서 귀밑으로
수염은 박살났다

맨 피부 만져보더니
미소가 거울에서

지치고 피곤한
쓸모없는 나의 하루가

수염처럼
박살나면

나의 거울에도
고운 비단결 닮은

하루의 모습 비쳐
미소 지울거나

갈목비 빗자루

몽당 빗자루 나이로 보니
열다섯 살

구포시장에도
국제시장에도

돌아다녀 봐도
헛걸음

아껴 쓴 것이
그래 이 세월이 되도록

구석구석 쓸고 쓸어도
정은 못 쓸고 가구나

전기 청소기 여럿 줄 섰다

정이 가는 것
어쩔 수 없나 보다

편지 한 장

이 가을 편지 한 장 써서
전할 곳 있네

해마다 그를 떠나보내며
맞이하는 눈빛으로

그대가 나를 떠나보낼 때
그대에게 간절히 남겨두고픈

아무에게도 말하지 못한
나의 언어로

그대의 귓전에 속삭이듯
애절히 들려줄

멀리서 바라보면 그윽하고
가까이하면 이슬이

해마다 내가 그를 떠나보내며
살아가는 동안

그대가 나를 떠나보낼 때
그대에게 간절히 쓰는

벼

가을이면
우러러보는
아름다운 벼 알 송이 송이여
용서를 바라는 듯
못 남을 달래는 듯
흔들리며
흔들리며
선 몸짓으로 섰으니
가을이면
가을바람에
웃음 가득한 몸짓이여
찬 서리 매단 몸 아랫목 구들
편안히 뉘어두고
조아린 벼 모습
허리 펴 넓은 평야에
맘껏 피우소서

코로나의 봄

가시는 겨울 님
하늘하늘 오시는 봄님

행여 기죽어 오시려나
기죽어 살금살금 오시려나

매화 벚꽃
빵긋빵긋 웃는 봄

목련도 봉긋봉긋
마른 입술 웃으시네

매화 벚꽃 목련꽃
웃음 보소

기죽은 봄은 아니로세
기죽은 봄은 아니로세

겨울 님 가실 제
오시는 봄님

발자취 소리 없어도
이 봄 춤사위 보소

여기도 저기도
매 꽃 향 벚꽃 봉오리

덩실덩실
어깨춤 보소

덩달아 웃어 보소
저기 저 봄

기죽은 봄은 아니로세
기죽은 봄은 아니로세

장마에 새는 지저귀고

오뉴월 무더운 장마
새벽 비에 새 지저귀네

반쯤 접은 눈꺼풀
바람 한 점 없는 날

나의 귀는 날아다니는
네 노래 흥겹다

알알이 노란 빛으로
좁쌀 알 같은 장마로구나

들썩들썩 어깨춤
뒤꿈치 사푼사푼

바닥에 놓았다가 무릎
살짝 굽혀 양팔 벌려

네가 허공중에 날 듯 날아
좁쌀 닮은 가슴 장마로구나

이월 윤달

겨울이 지나가는 가슴 담아 보았다
나뭇잎 흔들리는 작은 바람에도
봄 오는 소리에
콩닥콩닥 뛰는 가슴

두꺼운 옷깃에 허우적거리는
남풍은 머리 매었다

바람은 아직 쌀쌀한데
배꽃 매화꽃 개나리꽃
활짝 피우고

우뚝 쑥 눈이 살포시 웃는다

음력 이월은 바람 달
한 번 더 맞이해야 할 윤이월 바람

춘삼월은 이른데
세월의 답답함에 먼저 달려왔네
배꽃 매화 노란 개나리 벚꽃이

코스모스

풍요의 계절
원하는 소원이 뭐였기에

해 짧은 가을빛에
눈동자 꼽 끼워

가는 허리로 춤추네
태양 아래 실 닮은 잎

어린 시절 어머니
치마폭에 어리광부리듯

천진난만한 개구쟁이
맨발로 흙 딛고

뜀박질하는
소녀 같아라

겨울비

강원 서울 도시에는 눈이
부산
눈 구경은 아직

소매 깃 사이로
찬바람이 불어 춥다

비는 오고 있는데
아스팔트 위로 살얼음이

다리 후들거림은

그래도

괜찮아

사랑할게
삐치지 마

웅덩이

등산길 외줄 목길
두 손바닥 크기 웅덩이
어쩌다 바람 담아
구김 없는 물속 아기 웃음 띠고
발그레 홍조 띤 그 잎
그 위로 파란 하늘에
구름 안아 흐르는 물길
사뿐사뿐
잔 돌멩이 사이사이
버들가지 흔들리듯 이는 물길을

개구쟁이 아기
조그만 손바닥 잠잠
토닥여 손 담그면
고인 물 흔적 어이해
가득 예쁜 옷으로 웃음 띠워
사뿐거리는 맑은 그 잎
들었다 놓았다 발돋움
어이해
등산길 외줄 웅덩이
발걸음 자국에 풀물 먹었네

연못

황금빛 지느러미
아름다운 한복처럼 눈부셔
넋 잃었네

눈동자 이끌려 물속을
헤매는 붕어처럼
넋 잃었네

내가 돌아가야 할 길을
잊어버린 발걸음도 멍하니
넋 잃었네

단풍의 이름으로

눈 녹듯 낙엽도
한 잎 두 잎

네 가듯 나를 놓아야 할 때
가벼운 걸음으로

네 닮은 자리 누일 수 있을거나

아이 이름으로 청춘으로 숙성해
이른
가을바람이여
앓니
빠트린 예닐곱 아이에게서
청춘으로 이끄는 지성이면
이 또한
고운 꽃잎 닮음이니

기꺼이 받아 대를 물리는
인성을

소녀

내 어찌 여기에

어린 시절 시간으로
돌아 가보리라

두 갈래머리 어머니 손에 묶여 본
기억 더듬어

돌아가 보리

어리광 짓 하던 내 소녀는
지금

되돌아오는 메아리뿐
나비 되어 날아가 버리고

바람에 귀 기울여 보아도
흔들리는 나뭇잎

내 소녀는 아득한 전설이어라

우리의 희망

임이여 우리 모두 이 길을
걸어왔나이다

겨울 몸 사린 개나리처럼
우리 모두 이 길을

그리하여도 허기진 하루하루
새벽이슬 바지 끝으로 묻혀

호미 묻어 있던 흙이
기쁨일 만큼

우린 그렇게 부지런히 살아온
부끄러움 없는

임이여
세상을 안아 살아갈 모든 이에게

배려와 희망이
매일 매일 따뜻한

하루하루가
되게 하소서

먼지 되어

세월은 뉘 힘으로 가는지
바람은 또 한 누구를 위해

대지 위 웅장한 꿈길로
바람 속에 먼지 한 톨로

개울물은 강물 따라 흐르는데
세월 안아 바람 안아 어디로

외로움으로 태어난 몸은 또 어디로
사람의 고귀에 이 모든 아름다움

먼지 되어 어디로
어디로 가는 걸까

벚꽃 가로수

보았다 벚꽃 가로수
밑에서
희망이란 빛을

겨울 깡마른 가지 보일거나
수줍은 듯 숨겨
숨겨 두는 순수 사랑을
보았다네

꽁꽁 묶어
꽁꽁 묶어 두었다가
살며시 살며시
꽃잎으로
숨 쉬는 순간을

마른 가슴 안고
빙 그르며 나를 빙 그르게 하는
환희를

어두워 말라고
아파하지 말라고

송이송이

가지 끝머리 도달하며
송이송이
걸어 놓은
저 저

꽃송이 글자
환하게 매단 꽃을

삼백육십오일
눈동자에서
뇌리에서
다듬고
다듬은
벚꽃 가로수 길을
오가며

어제도
아니 오늘도
기억하고 있다네

5부

저 가슴 지는 꽃 사랑은

미래에 숨 쉬는
밤새워 품어둔 저 가슴
잠 못 이루며 피운
아름다운 꽃의 언약이라네

고뇌

약 없는 상처
시간이 지나고
세월이 흐르면
어느덧

하루

하얀 백지
하얀 도화지에
오늘도
그려보라고
오늘도
시간이란 크레파스로
그려보란다
솔직히 그릴 자신이 없어

그리기 전에
다짐하는 마음

오늘은 편안으로
마주하고 싶다고

꽃의 언약

저 가슴 지는 꽃 사랑은
다시 피는 계절에 웃고
웃고 있는 계절은
해지는 저녁노을
꽃 씨앗 품었을 때를
기다려 약속하거늘

저 꽃들
피고 지는 때를
미래에 숨 쉬는
밤새워 품어둔 저 가슴
잠 못 이루며 피운
아름다운 꽃의 언약이라네

뜬 눈으로 깊은 밤을

추운 날 문틈으로
바람 들어와

고드름이 꽁꽁 얼어
처마 끝에 매달린 날처럼

몸 두고 이상의 날개가
무아의 무늬로 너울너울

찬바람과 더불어
뜨거운 생강차 떠올리며
어둡고 추운
겨울밤을

어느 사이 새벽은
누구와 수다하지 않아도
생강차 마시며 맞이해

버려진 꽃의 배려

거두어 주는 것에
배려일지도 몰라

버려진 것에 서러워
버텨 일어서서

아낌없이 주는 사랑
주는 사랑이 고마워

예쁜 꽃 피웠나 보다
음지에 쓰러져있던

기억은 이제 지우면서
두려워하지 말아라

버림과 사랑은
하늘과 땅인데

6·25

이제는 엉킨
실타래 풀어
그날의 상처를

삭혀가는 상처
그날의 아픔
안아야지

하지만

아직도

산 개울 낭만

해 질 무렵
해 그림자 길게 누워
개울에 앉았네

바람도 세워
인생 굽이굽이
지나치듯

잔돌 큰 돌
비켜 가네

서산마루 해
개울물 곱게 비추네

산 그림자
다가올
적막 아는지

가시

붉은 장미 붉은 찔레꽃
너털너털 가시 걸음

가시 걸음 가시라 가슴 아파
쏟아지는 소낙비에 숨겨 두고

꽃으로 잎으로 가려 보네
서러움을 보았네

가시 수줍었네.
숨겨가며 숨어가며

가시라 해도 괜찮아
꽃보다 너 가 이쁘다

우리들의 여자 어머니

벙어리 삼 년
귀머거리 삼 년
장 님 삼 년
석 삼 년 세월을 살아야 해

오장육부는
방문 문설주 위에
걸어 둬
그렇게 살아라

이제는 이곳을 잊어야 해
한숨은 연 거 퍼

제아무리 힘든 일
어려워하면 못하니
참고 살아라
살고 나면 끝 있다

그렁그렁
어머니 눈에서 흐르는 눈물
크고 큰 숨 섞여 등 보이며

어깨 넘어 등으로 흘러내린

슬픔 어린 음성
어미도 잊혀라
잊혀야 해

우리들의 여자 어머니

강형! 보오 1

오늘 새삼 말이오
아름다움에 감사해 한 다오
변해 가는 이 모습이

내 얼굴이 아름답지 못한 것
아는 사람은 다 안다오
얼굴이 아름다운 게 아니라

하늘을 날 듯 옷을 입어
아름다운 게 더욱 아니라오
항상 눈앞은 축축하고 젖어

머리에는 맑음이 없었다오
오늘은 머리도 몸도 맑다 오
육중한 무게의 무거움 아니라오

온몸이 젖은 듯 늘 부러 버려
무슨 일이든 시작도 전에 말이오
낭패를 혼자 노를 젓듯 감내했다 오

사람들은 어쩌면 모든 일을 혼자
인내하고 이겨나가는지 모른다오
혼자 구석진 곳에서 말이오

강형! 보오 2

무릎 위 천사십 페이지
첫 장에 벌써 까칠한 느낌
부드러움 잃은 읽을거리에 저항

손바닥으로 쓸면 자갈이 닿은 듯
껄끄러움 사라지고 마음 다져 두었던
한 페이지 두 페이지 무릎 위에

무릎 위에서 나를 바라보고 있다 오
순간 내가 이런 아름다움 있었구나
새삼 이 순간 혼자 감동하면서

깜깜한 밤 전등이 꺼진 빛없는
어두움은 창밖에 가로 등으로
많은 어두움은 아니라오

강형! 보오 3

아무것도 보이지 않는
어둠은 아니라오 단지
글이 보이지 않는 어둠이라오

잡화점 나열된 머릿속 허무가
호수가 물안개처럼 사라졌을 때
환하게 불을 켜고 나란 존재

변한 모습 거울로 보면서
은근히 미소 짓 다오
참으로 신기하다오

사람들은 오늘도 많은 사연
가슴에 묻고 잠자리 들겠지요
강형 역시 나 역시 잠자리에

천사 닮은 아기에게

흰 눈이 내리고 있네
아름다운 그림 닮은
세상이 아름답구나

세상은 아름다운 거야
너를 춤추게 할 거야
경쾌한 도레미 송으로

눈빛처럼 아름다운 세상
하얀 은빛 세상에서
행복은 축복이어라

산 고개 넘어가는 바람

산 고개 넘어가는 바람
쉼이나 하면서가는 가
따라가려니 타는 목마름
모가지 마름 앞서가네

저 몸 뒤처져 따르니
쉼 타 기슭에 쉬어 가려네
뉘 물어 오면 편안히 쉼
쉼하고 있다고 전하게

그대 가까이 있습니다

그대 가까이에서

늘

있습니다

비가 오거나 눈이 오거나
바람 불면 바람 부는 데로
맑은 날도 흐린 날도
그대 가까이에서

늘

있습니다

웃기도 하고 울기도 하고
몸 아파하면 아픈 대로
그대 가까이에서

늘

있습니다

와인의 아침

허름한 옷매무새
엉켜있는 머리카락

새벽 화장대 위에 와인
한 잔 놓고

거울을 비쳐
안녕하냐고 누군가 묻는다면

갸우뚱 도래도래
힘없는 목소리

투명한 유리잔에
새벽을 깨우며

오늘도 시험 답안지
생존의 답은 써야지

허름한 옷차림
새 옷으로 입고

머리카락 곱게 빗어
핀을 꼽아야지

나의 나라 대한민국

동해물과 백두산이
마르고 닳도록

목젖 젖는다
제 나라 몸 둘 곳 없어

잃은 생명에서
희망의 봄

희망의 봄
앓는 이들

하느님이 보우하사
우리나라 만세

무궁화 삼천리 화려강산
내 나라 내 조국은

내 나라
내 땅의 사람

안고
품었다

넋 잃은 사람

눈동자 없어요
모양도 없어요
귀도 없어 듣질 못해요

발도 바퀴도 없으면서
마구 달려요
세계를 돌면서
빠른 걸음으로

사람들은 입과 코를
하얀색 검은색 마스크 쓰고
너와 나의 거리 두기 모두
힘들어도 이겨 내요 힘내요

새싹의 염원

허리 굽혀 꽃삽 들고
갓 낳은 아기 보듬듯
여린 새순
보드라운 흙
뿌리며 축복을
보호하여 싹이
무럭무럭 잘 자라
봄의 잎으로 자라
빛 머금은 꽃으로
가을을
가을은 눈부신 자태
영롱히
성숙하여 열매 맺은
기쁨으로
한 아름 안아보소서

무거운 마음 버려라

담아 두지 마라
머리에도 눈에도

마음 담아 두면 병 밖에
지나가는 바람으로
가슴 후미는 언어들

빗자루 들고
쓸어버리는 거야
속 시원히

거둔 가슴 열어
마음으로 보면
발걸음도 가벼워

언덕에 올라가
흘러가는 냇물 바라보며
무거운 마음 흘려버리고
꽃집 꽃처럼
환하게 웃으며 사는 거야

되돌아간다면

바쁜 걸음 하다
돌부리에

허둥지둥 왜 그렇게
살았는지

시간 메여 부딪치며
살아왔는데

다시 되돌아 살아보라면
순간순간 아끼며

음미하며
살고 싶다

살아 온 여정
바보 같아서

시간의 꽃그늘에서 피어난 성찰

김영태

(명예문학박사·전_한국문학비평가협회 부회장)

정영란 시인의 시집 《시간이란 꽃 그늘》은 일상적이고 자연적인 소재들을 통해 삶의 본질과 순환을 깊이 있게 성찰하는 작품집이다. 시인은 '꽃'과 '시간'이라는 두 가지 핵심 키워드를 중심으로, 우리 존재가 겪는 찰나의 순간과 영원한 섭리를 서정적이면서도 사유적인 언어로 엮어낸다.

이 시집의 가장 큰 특징은 미세한 관찰력과 따뜻한 시선이다. 시인은 '눈꺼풀의 떨림', '새싹의 여린 순', '지는 꽃'과 같은 작고 연약한 존재 속에서 삶의 시작과 끝, 그리고 그 사이를 채우는 희로애락을 포착한다. 여기서 '꽃'은 단순한 자연물이 아니라, 사랑(「꽃의 언어」), 아름다움(「아름다운 신부」), 생명의 희망(「새싹의 염원」) 등 인간의 보편적 감정을 상징하는 매개체로 자리한다.

또한 시인은 철학적인 사유를 서정적인 언어로 풀어내는 능력이 탁월하다. 「시간이란 꽃그늘」에서는 삶의 여정을 '시간의 그늘' 아래에서 자신의 길을 찾아가는 과정으로 비유하며, 「섭리」에서는 약육강식의 냉혹한 자연 속에서도 생명의 신성한 질서를 발견한다. 이처럼 정영란 시의 세계는 고통과 희망, 연약함과 강인함이라는 삶의 양면성을 포용하며, 궁극적으로 조화와 성장의 아름다움을 긍정하고 있다.

천상에서
내려보오

소복소복 나리는 눈

나리는 눈
꽃봉오리

끌어안아 안았소

천상에서
내려보오

아름다운 모란이

천사처럼
걸어가오

모란꽃이 사뿐사뿐
<아름다운 신부>전문

시의 화자는 '천상'에서 지상의 풍경을 내려다보고 있다. 이때 '천상'은 신성하고 순결한 공간으로, 화자가 바라보는 '아름다운 신부'의 존재에 대한 경외와 찬미를 드러내는 배경이 된다.

작품 속 '아름다운 신부'는 '눈'과 '모란'이라는 자연물에 비유된다. '눈'은 순결과 청아함을, '모란'은 고귀한 아름다움과 풍성함을 상징한다. 화자는 이 두 자연물을 통해 신부의 숭고하고 장엄한 아름다움을 표현하며, 이를 천상의 시선으로 바라보며 찬미한다.

또한 '소복소복', '사뿐사뿐'과 같은 의태어, 그리고 핵심 구절의 반복은 시 전체에 잔잔하면서도 신비로운 리듬을 부여한다. 이는 마치 신부의 발걸음과 기운을 따라가는 듯한 음악적 울림을 만들어내며, 신성한 순간의 감동을 배가시킨다.

결국 이 작품은 단순한 시적 구조와 서정적인 언어 속에서 신부의 우아하고 성스러운 자태를 시각적으로 형상화한다. 나아가 결혼이라는 인생의 중요한 순간이 지닌 숭고함과 축복의 의미를 독자에게 깊이 전달하는 서정시라 할 수 있다.

하늘이여
꼬집은 생존의 조각

누구를 위한 것인가요
초원의 새 한 마리
벌레 물고서
하늘을 나르더니
닳은 입 부리
아주 작고 귀여운
입 부리에

하늘이여
생명이 꼬집은
시간이란 세계를 머금고
이 아름답고 귀여운
자연의 섭리를
입 부리
받아 든 자연
아주 작고 귀여운
새 한 마리
<섭리>전문

「섭리」는 자연의 냉혹한 생존 법칙 속에서 발견되는 신비와 아름다움을 노래한 작품이다. 시는 '하늘'이라는 절대적 존재를 향해 "누구를 위한 것인가요"라는 질문을 던지며 시작한다. 이는 약육강식의 세계가 가진 모순과 생명의 아이러니를 드러내는 물음이다.

'벌레 물고서 하늘을 나르더니'라는 장면은 생생한 생존의 현장을 보여준다. 한 생명이 또 다른 생명을 먹으며 살아가는 모습은 잔혹해 보일 수 있으나, 이는 곧 자연의 질서이자 피할 수 없는 생명의 순환이다.

화자는 이를 '생존의 조각', '시간이란 세계'라는 표현으로 확장하며, 개별 생명들의 작고 덧없는 순간들이 모여 전체적이고 거대한 '자연의 섭리'를 이룬다고 노래한다.

결국 이 시는 약육강식이라는 현실 속에서도 드러나는 생명의 순수함과 아름다움을 발견하고, 모든 생명이 서로 얽혀 이루는 자연의 조화와 경이로움을 긍정하는 철학적 메시지를 전달한다.

저 가슴 저미는 꽃
사랑은
계절 지는 꽃에
노을을 보라
씨앗 보듬고
미래를 보라 하거늘

저 꽃들 피고 지고
애끓는 연민의 소리는
밤새워 잠 못 이루어
피울 꽃이라
몸부림 지닌 꽃
지금을 보라 하네
<꽃의 언어>전문

「꽃의 언어」는 꽃이 피고 지는 자연의 순환 속에서 사랑과 삶의 본질을 성찰하는 작품이다. 화자는 '가슴 저미는 꽃'을 통해 사랑이 지닌 아픔과 슬픔을 드러내지만, 그 고통이 단지 상실로 끝나는 것이 아니라 새로운 씨앗과 미래를 품는 과정임을 노래한다.

'지는 꽃에서 미래를 보라'는 구절은 소멸 속에 내재한 생성의 가능성을 일깨우며, '몸부림 지닌 꽃 지금을 보라'는 대목은 사랑과 삶이 가진 고통마저 현재를 살아가는 힘으로 전환시키는 역설적 진실을 보여준다.

따라서 이 시는 꽃이라는 자연의 언어를 매개로, 사랑과 삶이 슬픔과 희망, 상실과 성장이 맞물린 순환의 과정임을 철학적으로 성찰한다. 궁극적으로는 현재의 고통과 애틋함조차 내일의 피어남을 위한 밑거름임을 일깨우며, 진정한 삶과 사랑의 의미를 찬미하는 작품이다.

눈을 감는다
눈꺼풀이 가늘게 떨어
마치 시간의
초침이 째깍 째깍

내가 시간 따라
흘러가고
시간이 바람을 데려오고

바람은 슬쩍 건조한
뺨의 피부를
영혼을 불러
사르르 떨면서 스쳐 갔다

시간이란 그늘에
이름 모르는 타인과 내가
이 자리에서
자석으로 앉을지
서 있을 것인가를

찾아가는 틈으로
눈동자는 떠지고
시간은 비틀거리지 않는
<시간이란 꽃그늘>전문

「시간이란 꽃그늘」은 삶의 본질을 '시간'의 흐름 속에서 사유하는 철학적 서정시이다. 시인은 눈꺼풀이 가늘게 떨어지는 찰나를 '시간의 초침'에 비유하며, 시간의 흐름이 단순한 측정이 아니라 존재의 감각으로 체험되는 순간임을 섬세하게 포착한다.
'바람은 슬쩍 건조한 뺨의 피부를 / 영혼을 불러 사르르 떨면서 스쳐 갔다'라는 구절은 시간이 단순히 외부의 흔적만 남기는 것이 아니라 내면 깊숙한 곳까지 흔들어 깨우는 힘을 지니고 있음을 드러낸다.

특히 '시간이란 그늘' 속에서 화자는 '이름 모르는 타인과 내가' 어떤 관계를 맺고, '자석으로 앉을지 / 서 있을 것인가'를 묻는다. 이는 삶이 시간의 필연적 그늘 아래 놓여 있음에도, 우리가 그 안에서 수동적으로 끌려갈 것인지, 아니면 능동적으로 선택하며 나아갈 것인지에 대한 근원적 질문으로 읽힌다.

결국 이 시는 시간이 단순히 흘러가는 것이 아니라, 존재를 성찰하게 하고 타인과의 관계를 새롭게 규정짓게 하는 '꽃그늘'과 같은 장(場)임을 보여준다. '비틀거리지 않는' 시간의 길을 찾는 과정은 곧 삶의 의미와 정체성을 모색하는 여정으로 제시되며, 독자에게 사유의 여백을 남긴다.

허리 굽혀 꽃삽 들고
갓 낳은 아기 보듬듯
여린 새순
보드라운 흙
뿌리며 축복을
보호하여 싹이
무럭무럭 잘 자라
봄의 잎으로 자라
빛 머금은 꽃으로
가을을
가을은 눈부신 자태
영롱히
성숙하여 열매 맺은
기쁨으로

한 아름 안아보소서
<새싹의 염원>전문

「새싹의 염원」은 생명의 탄생과 성장을 향한 따뜻한 기원과 축복을 담은 서정시이다. 시인은 '허리 굽혀 꽃삽 들고'라는 겸손하고 정성스러운 몸짓으로 시작하여, 갓 태어난 아기를 돌보듯 '여린 새순'을 품는 섬세한 마음을 그려낸다.

'보드라운 흙'을 덮어주며 '축복을 보호'하는 장면은 새싹의 연약함 속에 숨어 있는 무한한 가능성을 존중하는 태도를 보여준다. 이러한 성장의 과정은 단순히 식물의 생애를 넘어, 인간의 삶과 닮아 있으며, 나약한 출발이 성숙과 결실에 이르는 긴 여정을 상징한다.

시의 마지막 부분에서 새싹이 잎이 되고, 꽃이 되고, 결국 '성숙하여 열매 맺은 기쁨'으로 귀결되는 흐름은 삶의 순환과 결실을 축복하는 시인의 따뜻한 시선을 드러낸다.

따라서 이 작품은 생명의 탄생에서 성숙에 이르는 전 과정을 '염원'이라는 주제로 엮어내며, 삶을 향한 사랑과 긍정, 그리고 성실한 보살핌의 가치를 담아낸 의미 있는 작품으로, 삶의 여정을 긍정하고 축복하는 따스한 메시지가 담겨 있다.

《시간이란 꽃그늘》은 독자로 하여금 바쁜 일상 속에서 잠시 걸음을 멈추고, 삶의 소중한 순간들을 되돌아보게 만든다. 이 시집은 자연의 순환 속에서 인생의 깊은 의미를 탐구하며, 모든 존재가 지니는 연약함과 강인함, 그리고 그 모든 것을 아우르는 시간의 섭리를 따스하게 보듬는 시인의 정신이 고스란히 담겨 있다.

정영란 시인의 시는 일상과 자연의 가장 미세한 순간들을 포착하여 그 속에 숨어 있는 삶의 보편적 진리를 드러낸다. 작은 장면을 통해 존재의 의미, 시간의 흐름, 생명의 순환을 묻는 그의 시선은 날카롭고도 따뜻하다.

정영란 시인의 시는 단순히 아름다운 풍경을 노래하는 데 그치지 않고, 그 이면에 숨어 있는 고통과 희망, 시작과 끝, 그리고 섭리를 함께 담아내며 삶의 양면성을 포용한다. 무엇보다 그는 가장 연약한 것에서 가장 강한 생명력을 발견하는 통찰을 보여주며, 독자에게도 삶을 바라보는 새로운 시각을 제안한다.

《시간이란 꽃그늘》을 삶에 지치거나 방향을 잃었다고 느낄 때, 혹은 작은 순간 속에서 큰 의미를 찾고자 할 때 읽으면, 자연과 시간, 그리고 존재의 근원적 가치를 다시금 일깨워 주어, 지금 이 순간을 소중히 살아가야 한다는 잔잔하면서도 깊은 울림을 받을 것이라 독자에게 일독을 권한다.